Edición original: Mango Jeunesse

Título original: *La coccinelle*

Adaptación: Luz Orihuela

Diseño gráfico: Sarbacane

© 2000 Mango Jeunesse

© 2005 Combel Editorial

   Caspe, 79 - 08013 Barcelona

Primera edición: febrero de 2005

ISBN: 84-7864-235-8

Printed in France by

PPO Graphic, 93500 Pantin

¿Quién eres?
La mariquita

Textos de Christian Marie

Combel
EDITORIAL

¡Qué simpática!

Confortablemente en una gran hoja, la mariquita se calienta al sol. ¡Qué bonita es, roja con puntitos negros! Pero el caparazón que lleva en la espalda es, en realidad, un par de alas. Las llamamos élitros. Sirven para proteger otro par de alas más frágiles, que son las que permiten que vuele.

La mariquita es muy hermosa con su caparazón rojo con puntitos negros. Pero la función del caparazón no es ni mucho menos la de lucirse; más bien todo lo contrario.

TÚ, ¿QUÉ OPINAS?

¿Para qué sirven los puntitos negros que adornan la espalda de la mariquita?

→ Respuesta 1: Para asustar a quien intente comérsela.

→ Respuesta 2: Para saber qué edad tiene.

→ Respuesta 3: Para reconocer las distintas especies de mariquitas.

3

Los puntitos negros de la mariquita sirven

La mariquita de 2 puntitos es muy común. Normalmente su caparazón es rojo y presenta puntitos negros.

L a mayor parte de las mariquitas son muy pequeñas: miden menos de un centímetro. Sus 6 patas están dotadas de pequeños ganchos que utilizan para colgarse de las hojas bocabajo. Su cuerpo es liso y abombado: parece una coraza muy fuerte, de color rojo, negro o amarillo con puntos negros, rojos o blancos.

Según la especie, las mariquitas tienen 2, 10, 22 puntitos o… ¡ningúno! El color de su caparazón y los puntitos tienen como principal función asustar a sus enemigos. La más conocida de todas es la mariquita roja con 7 puntitos negros.

Algunas mariquitas no tienen puntitos en su caparazón. Hay otras que no son rojas, sino rosas… o amarillas.

4

para asustar a quien intente comérsela.

Hay algunas mariquitas rojas que tienen los puntitos de color blanco.

Hay mariquitas que tienen los colores invertidos: ¡son negras con puntitos rojos!

¡La mariquita es una ogresa!

La mariquita siempre tiene hambre. Su plato preferido es el pulgón. Pero algunas especies prefieren las cochinillas, las setas o ciertas plantas. La mariquita a pesar de ser tan pequeña tiene unas mandíbulas muy potentes. Sirven para triturar los insectos que se cruzan en su camino.

Muchos pulgones en una planta pueden llegar a matarla. Por eso la mariquita, que puede comer 100 pulgones en un día, resulta de gran ayuda a los jardineros.

TÚ, ¿QUÉ OPINAS?

¿Cómo mata los pulgones la mariquita?

→ Respuesta 1: Mirándolos fijamente a los ojos.

→ Respuesta 2: Poniéndoles la zancadilla.

→ Respuesta 3: Inyectándoles saliva.

La mariquita mata los pulgones

Los pulgones viven en grandes grupos sobre los capullos de las flores, los tallos o las hojas de las plantas. Es ahí donde la mariquita va a buscarlos. Empieza mordiéndolo e inyectándole su saliva para ablandarlo. Luego, lo tritura con sus mandíbulas. También puede absorber los líquidos del pulgón y, entones, ¡pufff!, éste se deshincha como una pelota. A continuación, la mariquita va a por el siguiente.

Los pulgones viven en colonias sobre los tallos o las hojas de las plantas. Chupan la savia y acaban asfixiando a la planta. También pueden transmitir enfermedades.

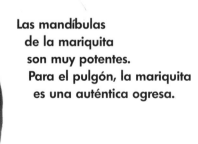

Las mandíbulas de la mariquita son muy potentes. Para el pulgón, la mariquita es una auténtica ogresa.

inyectándoles saliva.

Cuando la mariquita no tritura el pulgón, aspira su contenido.
Del pulgón sólo quedan la piel y las patas.

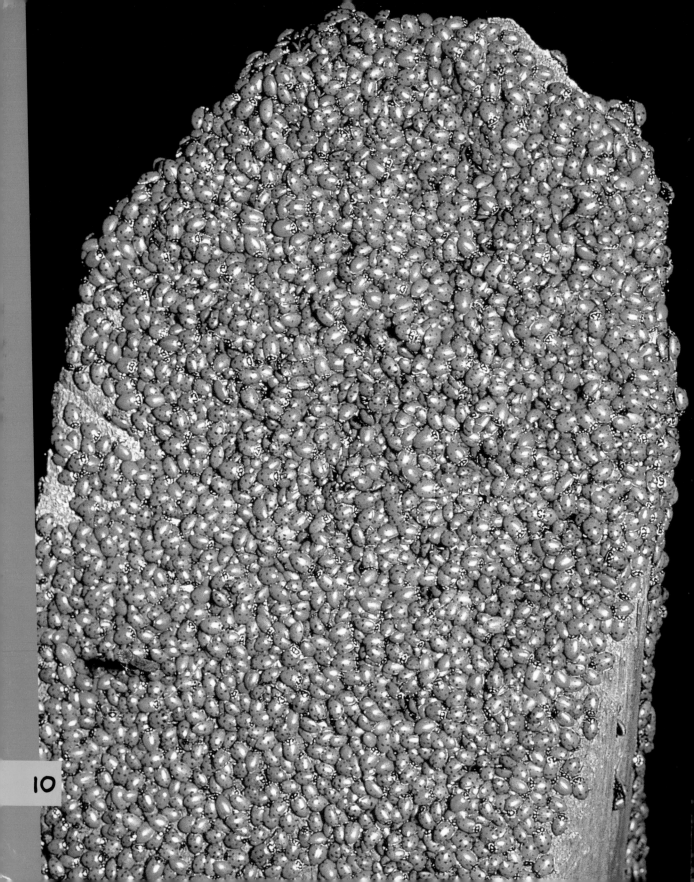

10

Y de nuevo... la primavera

Durante el invierno, la mariquita se esconde. Bien protegida bajo una piedra o bajo la corteza de un árbol, no mueve ni una pata, sólo espera la primavera. Un día el sol calienta más, los árboles empiezan a brotar y la naturaleza se despierta. ¡Llega la primavera! Y, ante el anuncio de hermosos días, la mariquita, como todas las especies vivas, tiene el instinto de reproducirse.

Durante el invierno, las mariquitas se reagrupan debajo de las piedras o, si la temperatura lo permite, en las ramas de un árbol. Muchas ya no despertarán nunca más.

TÚ, ¿QUÉ OPINAS?

¿Cómo nacen los bebés mariquita?

→ Respuesta 1: En las coles o en las rosas.

→ Respuesta 2: Los traen las cigüeñas.

→ Respuesta 3: De los huevos que pone mamá mariquita.

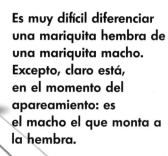

Cuando empieza a hacer calor, el macho se dedica a buscar una compañera. Empieza a dar vueltas alrededor de ella hasta que se le sube encima y la fecunda. ¡No es fácil mantener el equilibrio sobre el caparazón redondo y liso! Sobre todo si la futura mamá no le hace ningún caso. Algunos días después de la fecundación, mamá mariquita deposita sus huevos amarillos sobre las hojas de las plantas. ¡Y siempre elige un lugar con muchos pulgones!

Es muy difícil diferenciar una mariquita hembra de una mariquita macho. Excepto, claro está, en el momento del apareamiento: es el macho el que monta a la hembra.

Los huevos que pone la mariquita, ordenados delicadamente sobre la superficie de una hoja, son minúsculos.

os huevos que pone su mamá.

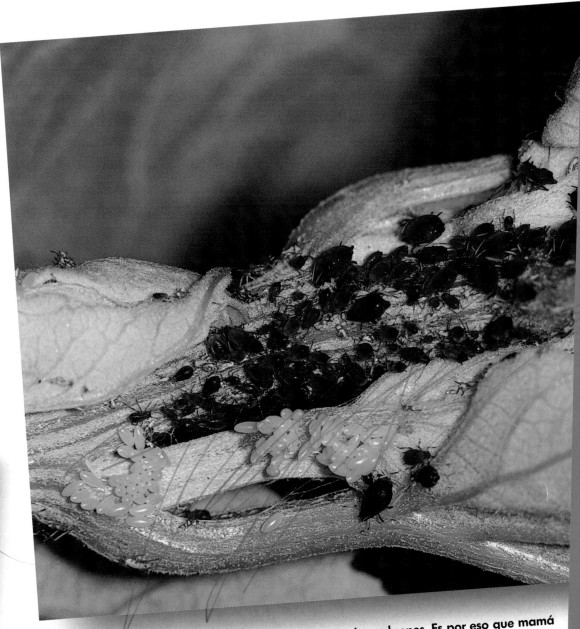

A las larvas que saldrán de los huevos les encantarán los pulgones. Es por eso que mamá mariquita ha escogido un tallo o una hoja llena de pulgones para poner sus huevos.

13

¡Buenos días, pequeñines!

Al cabo de unos días, unas larvas de color gris azulado con puntitos amarillos salen de los huevos. Inmediatamente, se precipitan sobre los pulgones. Al principio, la larva es más pequeña que el pulgón, pero ésta crece, ¡y de qué forma! Como su piel se le ha quedado pequeña, se rompe y sale una nueva larva vestida con una piel más grande. En 18 días, la larva cambia 4 veces de piel. Se dice que muda la piel.

Las larvas salen de los huevos bocabajo. Son pequeñísimas, transparentes y muy frágiles.

TÚ, ¿QUÉ OPINAS?

¿Por qué la larva de la mariquita cambia varias veces de piel?

→ Respuesta 1: Para poder crecer.

→ Respuesta 2: Porque no se encuentra a gusto en su piel.

→ Respuesta 3: Porque no le gusta el color de su piel.

15

La larva cambia de piel para poder crecer.

¡Ah! ¡Qué tramposa es la mariquita, siempre está cambiando de vestido! Pero, para ella, es la única forma de convertirse en adulta. Al cabo de tres semanas, la larva se fija sobre una planta. Se transforma en crisálida: una especie de envoltorio de rayas negras y anaranjadas. En el interior, la futura mariquita se prepara.

Una semana más tarde, ya está lista para salir. ¡Sorpresa! Es completamente amarilla y no tiene puntitos negros.

Cuando la larva ya ha crecido bastante se fija sobre una planta.

Poco a poco y sin moverse, la larva se transforma en mariquita.

Al salir de la crisálida, el caparazón de la mariquita es blando, amarillo y sin puntitos negros. Algunas horas más tarde, los élitros se han endurecido y se vuelven rojos; aparecen los primeros puntitos negros. El envoltorio dentro del cual se ha desarrollado la mariquita se ha convertido en un saco vacío e inútil.

17

18

¡Qué aventura!

Ya tenemos a la joven mariquita dispuesta a explorar el mundo. Se encarama a la cima de una brizna de hierba, abre sus élitros y despliega sus alas membranosas para empezar a volar. ¡Ve con cuidado, pequeña mariquita! En efecto, la vida de la mariquita no siempre resulta fácil. Los pájaros, los roedores y las arañas intentan cazarla; ella ha de aprender a defenderse.

Los élitros de la mariquita son fijos y la mantienen en el aire mientras ella vuela. Pero, son sus alas membranosas las que realmente le permiten volar.

TÚ, ¿QUÉ OPINAS?

¿Cómo se protege la mariquita cuando no puede volar?

→ Respuesta 1: Cambia de color, como el camaleón.

→ Respuesta 2: Se tiende panza arriba y permanece inmóvil.

→ Respuesta 3: Da media vuelta e ignora su enemigo.

Para protegerse, la mariquita se tiende

pesar de su pequeño tamaño, la mariquita dispone de eficaces medios para escapar de los peligros que la acechan. De entrada, es una buena comedianta. Cuando la atacan, se tiende panza arriba y permanece inmóvil como si estuviera muerta. Cuando su enemigo se aleja confundido, ¡hop! ella se levanta como si nada. Pero la mariquita posee otra defensa: puede segregar un líquido de un olor repugnante. Los que se acercan, no vuelven a hacerlo nunca más.

Gracias a dos pequeños agujeros situados a cada lado de su abdomen, la mariquita segrega unas gotitas de sangre amarga que huele muy mal y que rehuyen sus atacantes.

Cuando la atacan, la mariquita se deja caer de espaldas, pliega sus patas y espera el momento adecuado para largarse.

¡Atención! ¡A las hormigas también les gustan los pulgones! Si una larva de mariquita se interpone en el camino de una hormiga, ésta no dudará en atacarla.

panza arriba y permanece inmóvil.

En primavera nacen muchísimas mariquitas. Sin embargo, muy pocas sobreviven porque los peligros que las acechan son numerosos: los pájaros, los insectos y las enfermedades.

La **mariquita** es un **insecto**: como todos ellos, tiene 6 patas y 2 antenas. Pertenece al orden de los **coleópteros**: al igual que ellos, tiene un caparazón muy duro que la protege. Forma parte de la familia de los **coccinélidos**: esta familia reúne a más de 2500 especies distintas de mariquitas. El nombre científico de la especie más común es ***Coccinella septempunctata***: todos los animales tienen un nombre científico que es comprendido y utilizado por todos los naturalistas del mundo. Cuando nace, la mariquita de 7 puntos es amarilla y no tiene puntitos. Luego, se vuelve roja con puntitos negros. La mariquita vive en los **prados** y en los **campos cultivados**. Su vida dura alrededor de **un año**. Resulta una protección eficaz y natural de los sembrados pues ayuda a mitigar las plagas.

Para los demás animales, el color rojo significa «¡Peligro!».

Los élitros son rígidos y protegen las alas membranosas.

Las alas membranosas son frágiles y sirven para volar. Se pliegan debajo de los élitros cuando la mariquita no está volando.

La mariquita tiene 6 patas, como todos los insectos.

22

La función de los puntitos es ahuyentar a los posibles enemigos.

Hay muchas especies animales y todas son distintas entre sí. Para poder estudiarlas, los científicos las han clasificado en función de los parecidos de los animales y de su forma de vivir.

La mariquita es muy pequeña: mide ente 5 y 6 mm.

Sus mandíbulas, son muy potentes.

23

LA MARIQUITA

Títulos de la colección: